Berivaldo Ferreira da Silva Silva

Fala e não te cales

Berivaldo Ferreira da Silva Silva

Fala e não te cales

Sermões para hoje

CREDO EDICIONES

Imprint
Any brand names and product names mentioned in this book are subject to trademark, brand or patent protection and are trademarks or registered trademarks of their respective holders. The use of brand names, product names, common names, trade names, product descriptions etc. even without a particular marking in this work is in no way to be construed to mean that such names may be regarded as unrestricted in respect of trademark and brand protection legislation and could thus be used by anyone.

Cover image: www.ingimage.com

Publisher:
CREDO EDICIONES
ist ein Imprint der / is a trademark of
International Book Market Service Ltd., member of OmniScriptum Publishing Group
17 Meldrum Street, Beau Bassin 71504, Mauritius

Printed at: see last page
ISBN: 978-613-1-83111-9

O MUNDO PRECISA OUVIR O QUE DEUS DIZ ATRAVÉZ DE SEUS PREGADORES; A PALAVRA DO SERMÃO É A PALAVRA DA BÍBLIA!

PASTOR BERIVALDO FERREIRA DA SILVA

"...FALA E NÃO TE CALES..."

É a ordem do Senhor para sua vida e ministério. É ainda a vontade do Senhor para todos os tempos, e nos Templos espalhados pelo mundo o povo precisa glorificar ao Senhor com as vozes vigorosas de seus pastores, com mensagens autênticas da palavra sem rodeios, medo, pragmatismos nem protecionismos.

"E de noite disse o Senhor em visão a Paulo: Não temas, mas fala e não te cales;..." Atos 18:9.

SUMÁRIO

DEDICATÓRIA

Dedico este com muito carinho ao Pastor Augusto Odécio e Pastora Leonor Odécio. Por alguns anos recebi céus conselhos, ajudei em seu ministério nos trabalhos na Vila das Mercês – SP. Com a Igreja Presbiteriana Renovada. Foram muitas as vezes que este abençoado servo Pastor, me conduziu a pregar em Igrejas e em seu programa de rádio pelos anos em que trabalhou na rádio Santo André/SP. Além das visitações a lares enfermos onde ele me permitiu desenvolver o dom da oração pelos doentes e atormentados. Ao Pai Celestial toda glória!

Uma síntese sobre o avivamento:

O AVIVAMENTO E SEUS RESULTADOS...

1 - Avivamento, é a ação do Espírito Santo na vida daqueles que já são servos de Jesus Cristo. Atos 13:52. Este é o resultado da experiência do chamado Batismo no Espírito Santo. Isto ocorre quando na decisão pelo Senhor Jesus, ou poderá ocorrer em outras ocasiões.

2 - O avivamento que é a ação do Espírito Santo na vida dos servos de Jesus, tem finalidades distintas e definidas: Efésios 5:18. – 20. Ele qualifica o servo com qualidade espiritual satisfatória para ele representar a pessoa de Cristo diante do mundo e realizar um trabalho produtivo para Igreja.

3 – Entre as qualidades oferecidas pelo Espírito Santo ao servo, está o fruto do Espírito e o testemunhar zelosamente da pessoa do salvador.

Há nas Igrejas irmão que afirmam terem sido batizados com o Espírito Santo, porém permitiram a entrada do esfriamento e a sedução de por menores dos quais ele não soube se livrar. Ficam sentados, desfigurados e desanimados.

4 – O segredo para se livrar das situações improprias e voltar a obter vitórias é a oração.

5 – Todos os problemas da vida, todas as desordem de qualquer origem, elas serão resolvidas pela oração. Qual o tempo de duração? Está dentro do seu desejo e sua disposição. O Senhor espera que você deseje já!

6 - O avivamento nasce da constância de comunhão com o Espírito Santo; quanto tempo você gasta com o seu Senhor em suas orações diárias? Você acha isto muito ou pouco? Procure aumentar, experimente os resultados. Atos 2:42,44, 46, 47.

7 – O que mais ouço nas visitas pelas Igrejas são reclamações de cultos demorados. Pessoas que não gostam de oração longa ou culta de oração que

passam da hora. Geralmente as reuniões de orações duram cerca de "uma hora" pouco mais se estiver animada. O que isto significa para tantos orarem? Os congelamentos de almas continuam...

8 – Nos Templos tradicionais o horário é rigoroso do contrário o Pastor corre risco de perda do trabalho.

9 - O avivamento produz alegria, paz, gozo, desejo de louvar, adorar e testemunhar ganhando almas.

10- O avivamento não é fantasia mas necessidade, ele é o reflexo de que o Espírito Santo está atuando, a obra é Dele, o povo é Dele e as almas ganhas serão para sua glória. O avivamento é algo natural quando o Senhor é Senhor da Igreja!

"ERGAM OS OLHOS PARA OS CÉUS,..." Texto: Isaías 51:6ª. "Ergam os olhos pra os céus..."

Primeiros Comentários: Há duas belas Imagens dos céus na qual desejo que vocês meditem agora como se estivesse vendo. 1- O céu estrelado durante a noite e a segunda, o céu com o forte Sol ao meio dia.

- As duas refletem luz, fulgor e glórias.

- Os dois cenários refletem que há um Deus vivo que ama a natureza que Ele criou e está atento ao mundo de suas criaturas que precisam de sua misericórdia.

I – "ERGAM OS OLHOS PARA OS CÉUS..."

1 – Nesta noite vamos trabalhar com os olhos e com a mente imaginando que estamos vendo os dois cenários. "O Sol e as estrelas da noite."

2 – Não é um trabalho de "ilusionismo", vamos apreciar fatos reais da criação que conhecemos, e do criador que ignoramos sua presença.

3 – Jesus e Deus são o mesmo; João 10:30 ao mesmo tempo Jesus é o Filho que foi crucificado por amor a humanidade, eu e você!

4 – Foi Jesus quem estava no princípio criando tudo; Colossenses 1:16 e Apocal. 1:8. Apesar de ser o criador Ele é o mesmo que olha para suas criaturas, ouve suas orações e quer salvar a humanidade.

Salmos 33:13. –

5 – Eu vos convido a olharmos juntos para o Senhor, em Isaías 45:22ª. Voltemos para Isaías 45:12. O mundo não surgiu do "acaso", há um criador e é este que vos apresento nesta mensagem! Isaías 44:24.

6 - Vamos juntos seguir as indicações do Espírito para o seu bem: Isaías 49:18. Esta "metáfora" refere-se aos zelosos pregadores, ganhadores de almas. Trata-se da

Transformação dos tempos das coisas e dos homens; para se fazer notável o cumprimento da palavra da profecia.

7 - O crescimento assustador chamado de "progresso tecnológico" polui os olhos e os ouvidos do Senhor , cega a humanidade já mergulhada nas orgias e vícios a nível mundial. Precisamos alhar para ELE!

Isaías 51:1.

II – "ERGAM OS OLHOS PARA OS CÉUS..."

1 – Segunda parte: "... e olhai para a terra..." – Vejam a terra! Vejam os homens! (6-b)

2 – Vocês já apreciaram a beleza dos céus, Ele irá desaparecer como fumaça; verso 6,

3 – Olhem a terra; ela irá envelhecer como um vestido. Ver. 6. Pense em tudo isto que você vê todos os dias, agora imagine o desaparecimento de tudo. Pense em seus familiares e os amigos.

4 – E os homens?... Os lindos e importantes homens. Morrerão! Ver 6. Agora observe com que se compara a morte dos homens; "Moscas"! Veja Ezequiel 18:4ª.

5 – Prestem atenção para entender que o Senhor não é injusto; voltem a Isaías 45:22. "A ordem do Senhor é para que todos os homens olhem para Ele e sejam salvos"!

6 – A salvação é para Hoje, e para todos. Hebreus 3:7-8 e 4:7. Se entregue já!

CONCLUSÃO: Ergam os olhos... Vejam tudo ao redor; o que vocês ouviram nesta Escritura irá acontecer assim como está escrito.

Observação: Fica livre o acréscimo de ilustrações a gosto de cada um.

CONHECENDO A VERDADE

Texto: João 8:31 – 36.

Primeiros Comentários: - Quero falar de liberdade de mentes, de corações, de alma e de expressão.

- O mundo parece livre mas na verdade todos são escravos. As pessoas vivem oprimidas, tediosas e privadas de suas expressões de alegrias verdadeiras.

- O mundo é um misto de aparências. Mas o povo está preso, são cegos e precisam de ajuda.

I - CONHECENDO A VERDADE

1 – A Verdade é oferecida pela palavra, se manifesta pelo Espírito, mas concentrada na pessoa de Jesus Cristo – o Verbo divino.

2 – Jesus é o Verbo – palavra; se fez carne morreu na Cruz, mas estar entre os homens. Ele é o "Eu sou o Alfa e o Ômega , o primeiro e o derradeiro, o princípio e o fim." Apocalipse 22:13.

3 – Os líderes Judeus que tinham as responsabilidades sobre o Templo e os ensinos, não entenderam e não aceitavam a pessoa dEle. Jesus foi rejeitado como o Messias esperado. Mas é o Salvador!

4 – Jesus falou: "Vocês precisam conhecer a verdade..." A sua pessoa! A sua palavra!

5 – Liberdade, é uma coisa linda, ampla, maravilhosa. Os judeus se julgavam livres por serem apenas filhos de Abraão. Verso 33,39. Estavam presos as regras!

6 - Liberdade gera segurança, imprime na alma qualidades absolutas do domínio próprio; favorece a ligação da mente submissa ao Espírito Santo o Senhor da vida.

II – CONHECENDO A VERDADE

1 – Conhecer a verdade não apenas estuda-la; é uma entrega íntegra, espontânea, o Espírito Santo entra em nosso ser formando “um” conosco.

2 – A verdade “palavra de Cristo”, também se uni ao nosso ser. Ela nos coloca em Cristo e Cristo em nós!

3 – Ocorre a limpeza completa de corpo e alma, é o fato do perdão instalou-se a justiça; somos justo!

4 - A Visão do Céu torna-se tão forte que os nossos aposentos ficam inferiores só desejamos a comunhão com o Senhor e os santos. Exe. Atos 2:42,46 e ainda 13:52.

5 - Eles foram orar e o chão não os resistiu; Atos 4:31.

6 – A vida nesta graça abundante move os corações das autoridades; quebranta a sociedade, e eles são atraídos para junto dos fieis. Atos 26:24-29. 2:47, 5:14, 9:31 e 16:5.

7 – O testemunho ousado, confiante e esclarecedor é a marca da nova vida. Atos 4:19, 5:29.

8 – Quando conhecemos a pessoa preciosa de Jesus, e com Ele andamos, os Anjos se envolvem nas lutas da vida. Atos 12:5,7, e Atos 5:19-21.

CONCLUSÃO: - O conhecimento se exibe na liberdade plena da vida alegre, dinâmica e em confiança de sua vontade vive-se para testemunhar da pessoa de Jesus. Aceite agora não demore!

Observação: O acréscimo de ilustrações fica livre ao desejo de cada um.

A RESTAURAÇÃO DO LIVRO SANTO

Texto: II Reis 22:1 ao 11

Primeiros Comentários: Houve três períodos históricos que marcaram o aparecimento do Livro Santo e o retorno à leitura.

- O primeiro se deu com Moisés;

- O segundo aconteceu no reinado de Josias; com o sumo sacerdote Hilquias e o terceiro aconteceu com Martinho Lutero.

I – A RESTAURAÇÃO DO LIVRO SANTO

1 – Tudo começou com Moisés no monte Sinai. Aqui não foi restauração, mas a partida, o primeiro!

Êxodo 31:18. Aqui está a primeira Bíblia.

2 – O tempo da "gestão" Moisés na direção do povo de Deus transformou-se em impaciência irritações e logo se desviaram dos bons ensinos. Êxodo 32:1, 3-7.

3 – As tristezas de Moisés ao vê-los prestando adorações com festa ao ídolo; Êxo.32:19. O Egito foi o primeiro fornecedor de Ídolos, hoje o mundo é um forno "gigante" produtor dos mesmos. Como conter? Não é para conter nem se deve mexer, Pregue Cristo!

4 – Moisés restaura o primeiro livro; "tábuas" Êxodo 34:1-8. Aborrecido pelo comportamento do povo, quebrou! Deus paciente misericordioso faz outras. Importante lembrarmos que diariamente Deus está sempre "fazendo de novo" as coisas que nós quebramos.

5 – Aqui estaria sendo preparado o que seria de mais precioso para este povo, e para a humanidade. O livro "Tábuas", de onde se originou todo o conteúdo que dava início a uma era em que os ensinos do Céu estariam na terra.

6 – Estes mandamentos juntamente com todas as leis, preceitos, ordenanças e estatutos, formavam um todo do que se tornou o Livro Santo do povo escolhido. Deuteronômio 31:9-13 e ainda ver. 24-26.

Nota. Este é um resumo de como começou a mais nobre história do livro santo.

II – A ESTAURAÇÃO DO LIVRO SANTO

1 – Anos se passaram, o grande e amado povo de Israel a quem cabia as responsabilidade da proclamação deste livro, se dividiram em dois reinos, e o precioso e velho livro das leis, mandamentos, ordenanças e estatutos; ficaram no esquecimento. Até mesmo as celebrações da páscoa perderam a sua importância. Com exceção de Davi e Salomão.

2 – Chegou o tempo em que assomou ao trono um adolescente da linhagem de Davi, chamado Josias, com oito anos de idade mais bem assessorado pelo Sumo sacerdote, responsável direto pela assistência ao rei. Eram espirituais e ordenou-se a restauração da casa do Senhor, o Templo! Com a restauração encontrou-se o Livro Santo abandonado entre os escombros do esquecimento. II Reis 22:1- 8.

3 – O livro foi levado a presença do rei e lido, o rei se humilhou e pediu com urgência uma consulta ao Senhor. Em seguida convocou o povo da nação para que todos ouvissem a leitura do livro. II Reis 22:10-11 e 23:1-3. Isto se chama de Avivamento!

4 – O terceiro momento épico da história deste livro santo deu-se com O monge Martinho Lutero. Nasceu no centro da Alemanha, na região Saxônia prussiana; a 10 de Novembro de 1483. Fazem 536 anos de seu nascimento. Mais fazem cinco séculos em que este herói usado pelo Espírito Santo, colocou as Escrituras nas mãos do público desprestigiado.

5 - Foi em 1517, que este abençoado homem rompeu com a mais alta corte dos sacerdotes de sua Igreja, e proclamou sua liberdade em Cristo, ao testemunhar que o encontrou através da palavra santa e nasceu de novo. Como testemunha de

sua mais profunda experiência, ele pregou as suas 95 teses nas portas da mais famosa catedral de WITTENBERG; A 31 DE Outubro 1517.

CONCLUSÃO: - O livro santo se popularizou e se espalhou em todas as línguas, abrindo Deus as portas para que todo cidadão tenha em suas mãos este majestoso livro que traz a pessoa do Senhor para o coração do homem.

- Moisés desceu o monte fumegante com o primeiro exemplar;

- O rei Josias retirou dos escombros do esquecimento do templo, o livro que todos precisavam ouvir.

- E Martinho Lutero, foi o instrumento do Espírito Santo, para traduzi-lo e colocá-lo nas mãos dos populares.

- Este livro é a Bíblia! Ame leia-o viva os seus ensinos com a maior intensidade; pois Jesus disse:

"Examinais as Escrituras, porque julgais ter nelas a vida eterna;..." João 5:39.

A Bíblia o livro dos livros.

Observação: A ilustração é um desejo pessoal de cada um.

AS NAÇÕES...

Texto: Isaías 66:18-20

Primeiros Comentários: Vamos pensar juntos sobre as Nações; o Mundo.

- O que vocês acham ou pensam sobre as Nações? São boas? São bonitas? Qual a importância delas aos olhos de Deus?

- Quanto vale cada uma das Nações no vosso entendimento? O que se daria em troca de uma nação? E aos olhos de Deus? Ver em Isaías 40:15 e 17.

I - AS NAÇÕES... Quais as ordens de Deus para as Nações?

1 – O Senhor tem uma ordem determinada para as Nações; Ela se divide em três partes. A primeira é para que se cheguem à Ele; Isaías 34:1, Salmos 65:2, Isaías 55:3 e Mateus 11:28.

2 – A segunda diz para ouvir; Isaías 46:12 e 34:1.

3 – A terceira parte desta ordem é para que se arrependam. Mateus 3:2-3; Atos 17:30 e Mateus 4:17.

4 – Então, a ordem Divina é: Que as Nações venham. Ouçam. E se Arrependam!

5 – Esse é um conjunto de ordens que a humanidade não podem viver sem elas. Elas determinam sobre a vida e a perdição.

II – AS NAÇÕES... Como o seu amor se projeta para o mundo?

1 – Agora vamos ver os planos de Deus para as Nações; João 3:16 e 17.

2 – O Senhor vê os homens em seu dia a dia e conhece a vida de cada um: Salmos 33:13-15.

3 – Ele fez projetar este amor dentro de uma visão de graça e glória. Deixou uma ordem para que o mundo possa desfrutar de sua pessoa. Apoc. 22:12 e Malaquias 1:11 com Lucas 3:6.

4 – Qual a razão para tudo isto, uma vez que Deus considera as Nações como nada? A primeira é por que Ele é o criador; e a segunda por causa do seu grande amor. Ezequiel 18:23.

5 – A segunda parte da projeção desse amor; João 14:9 e 10:30. É a pessoa de Jesus Cristo.

6 – Agora vendo a primeira parte desta mensagem unida com a segunda, encontraremos Ordens Planos e Amor. Tudo isto junto fica a disposição das Nações um único caminho – JESUS CRISTO. João 14:6.

CONCLUSÃO: - Deus não está preocupado com as possessões dos bens das Nações, mas com as vidas humanas.

- Todas as Nações precisam se chegar ouvirem e entrarem por um único caminho – JESUS.

A IMAGEM DE DEUS

Texto: Colossenses 1:15- 18.

Primeiros Comentários: Jesus a verdadeira imagem do Deus vivo, portanto precisamos confessá-lo como: Salvador Senhor e Pai.

I – A IMAGEM DE DEUS

1 – Jesus é a imagem absoluta de Deus, o criador de tudo; João 1:3 e Colossenses 1:15.

2 – Jesus sempre existiu, este foi um dos pontos de conflitos quando Ele esteve entre os judeus. João 8:58. Ver ainda Apocalipse 1:8, e 22:13-14.

3 – Ele foi apontado pelo maior dos profetas, como aquele que tira o pecado da humanidade; João 1:29.

4 – Jesus é o verbo que se fez carne para oferecer aos homens a sua graça; João 1:14, e o verso 17.

5 – Todos precisam confessar o seu nome enquanto estiver em vida; Filipenses 2:10-11.

6 – Ele é por excelência, salvador, Senhor e Deus Pai. Isaías 43:11; Isaías 63:16. Para entendermos esta verdade precisamos examinar em Hebreus 13:8.

II – A IMAGEM DE DEUS

1 – Quando recebemos Jesus como salvador, também estamos confessando como Senhor e Pai;

Filipenses 2:11 e ainda em João 13:13.

2 – Todos os seres humanos precisarão reconhecer Jesus Cristo como Senhor e Deus; Romanos 14:11- 12. Agora, não imaginem que isto foi dito somente aqui; Isaías 45:23.

3 – A nossa salvação é pela palavra de Jesus que confessamos, e a condenação dos que rejeitam, será pela palavra inútil que falou. Mateus 12:36-37.

4 – Pedro adiantou este esclarecimento em seu primeiro sermão; Atos 2:36.

5 – Na pessoa de Jesus Cristo, está toda divindade do Deus Pai. I Coríntios 8:6.

CONCLUSÃO: Deus criou o homem a sua imagem, isto já se conclui como um grandioso feito do criador, Gênesis 1:27; que em um dia especial transformaria o homem criado na pura imagem de Jesus Cristo, o Senhor! Jesus Cristo é salvador e Senhor, Deus e Pai. Atos 10:42.

O SEGREDO DA PALAVRA

Texto: Salmos 12:6 e Provérbios 30:5

Primeiros Comentários: A Palavra do Senhor é como a luz, o sal, o fogo, a espada e a semente.

- Nós e toda a sociedade Brasileira precisamos de coisas "puras", isto só pode ser a palavra do Senhor.

I – O SEGREDO DA PALAVRA

1 – Deus Criou o mundo pela palavra; Gênesis 1:3,6,9,11,14,20,24,26. Hebreus 11:3.

2 – Como os primeiros homens entenderam os planos de Deus? Gênesis 6:13; Noé tinha 500 anos. Gên.5:32. Desta forma o Senhor também falou com; Abraão, Isaque e Jacó. Moisés, Josué, Samuel, Davi, Isaías, Jeremias, Ezequiel, Daniel, Oséias, Joel, Amós, Jonas, Miquéias, Sofonias, Ageu, Zacarias etc.

3 – Deus vê tudo e todos e fala com simplicidade. Gên. 21:15-19.

4 – Para o sucesso na vida de todos os homens o segredo está em praticar a palavra do Pai Celestial. Josué 1:8 e ainda Tiago 1:22.

5 – Para segurança de todos que nos ouvem e nos Templos nos acompanham; II Timóteo 3:16.

6 – Além da segurança que recebemos há também o sabor para o paladar dos servos. Salmo 119:103.

II - O SEGREDO DA PALAVRA

1 – O mundo com toda a sua beleza e natureza passará, o deslumbrante universo será desfeito, o lindo e imenso céus também se enrolarão, mas a palavra do Senhor jamais passará. Isaías 40:8 e Mateus 24:35.

2 – A vontade de Deus não é que aja um auto desprezo pessoal, mas uma plena confiança a fim de sermos exemplo. I Timóteo 4:12.

3 – Precisamos nos conscientizar de duas coisas que são fundamentais: O que apalavra fez em nós? E o que ela representa para nós... João 15:3 e I Timóteo 4:9 ;

II Timóteo 2:11.

4 – Um dos grandes e abençoados trabalho do Espírito Santo é fortalecer os que pertencem a Jesus; Colossenses 3:16 e Hebreus 4:12.

CONCLUSÃO: Leia a Bíblia todos os dias; queiram ouvi-la sempre disto depende a vida de todos. Lembre-se: O que vemos ouvimos e fazemos diariamente ocupam espaços no coração e na mente.

- Todos têm direito de acrescentar ilustrações.

CIÊNCIA E TECNOLOGIA

Texto: Daniel 12:4-5.

Primeiros Comentários: A Ciência – É o conjunto dos conhecimentos. O cientista é o conhecedor, aquele que descobre.

- A Tecnologia – É o tratado das artes e ofícios em geral.

- A evolução tecnológica é um trabalho árduo dos conhecedores; cientistas e não cientistas.

- O avanço da ciência fez explodir a tecnologia que se vê e aquela que virá. Esses dois "temas" gigantes andam de mãos dadas. Um descobre o outro exibe.

I - CIÊNCIA E TECNOLOGIA

1 – Agora você deseja se envolver com a exuberante "ciência e tecnologia", ou prefere se contentar ouvindo sobre o velho livro chamado – Bíblia?

O homem é criação de DEUS, diz a Bíblia, o criador deu ao homem livre arbítrio para descobrir e evoluir.

2 – O que você acha: A sociedade precisa mais da "ciência unida a tecnologia", ou do Emanuel, Jesus de Nazaré? É simples: Todos nós estudamos os conhecimentos exibidos pela ciência e outras matérias, mas tratando-se de vida; dependemos do Emanuel Jesus de Nazaré.

3 – No seu entendimento: O que produz mas benefícios reais para a sociedade em geral; "a ciência com sua tecnologia", ou o velho livro – Bíblia? É claro que é uma resposta complexa. Mas atenção: Tratando-se de cultura para seus estudos profissionais, toda matéria enriquece seu currículo e lhe dá maior aval nas disputas. Agora a Bíblia, ela deve ser o livro "chave" para vida de todo cidadão. Ela trata de forma clara toda criação e todos os planos de Deus para o mundo criado. Isto é conhecimentos perfeitos.

4 – Vocês acreditam que Deus esteja esperando o favoritismo "tecnológico", para salvar alguém? Nem pensem tal coisa, tal pensamento é simplesmente ridículo!

5 – A ciência é uma mistura de conhecimentos e descobertas, que ora comprova a existência de Deus, e em outras horas nega. Ela serve para dizer que os fatos bíblicos são exatos o que nem precisaria.

6 – O que diz a Bíblia sobre isto? Jó 21:22; Ecles.1:18; Lucas 11:52; I Coríntios 1:20-31. E em Provérbios 2:1-7.

II – CIÊNCIA E TECNOLOGIA

1 – Está comprovado por especialistas da saúde que a vida afastada dos grandes centros e vivida no campo é mais saudável e duradoura.

2 – Os grandes centos explodem em modernidade e tecnologia, ao mesmo tempo em que se torna um "ninho" de morte por muitas razões.

3 – Vamos nos refrigerar: O que diz o velho livro? Isaías 55:6-7. A vida com Deus será segura, limpa e duradoura.

- O que disse o Senhor? Isaías 45:22.

4 – O que disse- o Senhor Jesus em João 5:39 e Mateus 24:35.

- O que disse o apóstolo Paulo? II Timóteo 4:2 e I Timóteo 4:9.

5 – Vamos ver o que o Senhor nos diz no último livro; Apocalipse 22:7.

CONCLUSÃO: A ciência e a tecnologia servem para atender os problemas e anseios sociais e políticos das nações; mas a Bíblia serve o Pão divino para as almas humanas em todos os cantos do planeta. Você tem o direito e ler e conhecer tudo que há no mundo; mais sirva para a sua alma somente a palavra do Senhor, ela é vida abundante e vida eterna.

DEUS É FOGO

Texto: Hebreus 12:29.

Primeiros Comentários: - Deus é fogo.

- Como Ele foi visto pelo seu povo em todo antigo testamento? Como fogo! Êxodo 3:1 -5.

- Como devemos vê-lo hoje? É o que vamos conversar nesta mensagem.

I – DEUS É FOGO.

1 – Deus é literalmente fogo; diz as Escrituras. Estamos acostumados ouvir mensagens e ensinos sobre um Deus pequeno, que está no céu e quando a maioria faz oração pede para Ele vir agir e atender.

2 – Se desejamos de fato viver com Deus, precisamos entender o que Ele diz em sua palavra. Os pregadores e professores da Bíblia devem estuda-la e passar para o povo chamado Igreja, ensinos corretos sobre o Senhor, ou o povo viverá olhando para um Deus no céu que precisa vir cada noite.

3 – Se você deseja aceitá-lo como seu salvador, aceite já! Mais esteja ciente que o Senhor é verdadeiramente fogo, ao mesmo tempo Pai e plenamente salvador.

4 – De que maneira Deus se apresentou a Moisés primeira vez? Êxodo 3:2-6. Ele nunca mudou, em todas as páginas da Bíblia Ele é fogo!

5 – Como Ele foi visto pelos filhos de Israel em Êxodo 24:12; 17-18?

5 – Como foi que o Senhor agiu contra os rebeldes que tentavam enganá-lo? Levíti. 10:1-2.

6 – De que maneira Deus se revelou nos trabalhos realizados na "Tenda da revelação"? Levítico 9:23-24.

7 – Como foi que o Senhor respondeu a oração de Elias no monte Carmelo, diante dos 450 profetas de Baal? I Reis 18:36-38.

8 – De que formas Deus respondeu as orações do Rei Salomão, após concluídas as obras do Templo na presença do seu povo? II Crônicas 7:1.

II- DEUS É FOGO

1 – Deus vê tudo e todos; o Senhor acompanha todos os detalhes dos trabalhos que são prestados à Ele. Veja em I Crônicas 13:8-10.

2 – Outro momento bem claro que o Senhor permitiu haver execuções momentâneas diante do seu povo e em hora do trabalho; para provar que Ele estava presente e é o mesmo. Atos 5:3-10.

3 – Por que isto não mas ocorre hoje, diante de tantos abusos realizados em sua obra nas Igrejas?

- Por causa da Graça, a nova Aliança coloca a disposição do mundo a pessoa de Jesus Cristo como salvador, isto é chamado de "Graça". Ele salva e protege ao mesmo tempo. Mas há outro fator:

Os pregadores do mundo moderno deixam a desejar...

4 – Vamos ver juntos o que os discípulos pediram ao Senhor Jesus; Lucas 9:54-55. De fato, o fogo não é uma brincadeira para ferir o povo sem motivos.

Observações: O Arco-íris é um sinal dado por Deus que não haverá mais dilúvio, e a Graça, é o sinal da presença do Emanuel entre os homens, sem execuções momentâneas.

CONCLUSAO: - Deus é fogo; Hebreus 12:29.

- A sua palavra é fogo; Jeremias 23:29

- O seu Espírito Santo é fogo também. Atos 2:3-4.

Observação: Nós não o chamamos de “Deus fogo”, chamamos de Pai Celestial.

- Você ainda deseja aceitá-lo?

O POVO É ERVA.

Texto: Isaías 40:6-7.

Primeiros Comentários: O que vocês preferem; ser erva; ser relva; ser como as flores do campo, ou ser como uma vara? Vocês acham que este tratamento é incoerente ao cidadão?

I – O POVO É ERVA.

1 – A Erva é de valor relativo, tem sua importância, muitos limites e pouca duração.

- Ela serve como alimento para os animais, mais secam rapidamente. Isaías 40:6-7.

2 – O mundo pode ser viso como os campos, onde as ervas brotam e crescem, mais logo morrem. Salmo 92:7.

3 – Todas as pessoas tanto as bonitas como as importantes tem a consistência das ervas.

I Pedro 1:24.

4 – O homem comum os seus dias estão dentro dos limites das ervas ou relvas.

Salmos 103:15-16.

5 – A vida comum é desenvolvida em meio a muitas formas de ensinos. No lar, na escola, na Faculdade, no ambiente de trabalho e dos esportes.

Há ainda o ensino que se recebe nos Templos, onde a Igreja se reúne. Este é o único lugar onde se ensina sobre os valores eternos para cada pessoa. 6 – Entre a escola e a universidade a pessoa escolhe sobre profissão. No Templo diante dos ensinos sagrados, a decisão é sobre vida ou morte.

Se a vida escolar e profissional é valorosa, a vida espiritual é muito mais.

7 - Há alguma vantagem de se viver distante ou fora da vontade do Senhor? Apenas somos chamados de ervas! Isaías 40:6-7.

II – O POVO É ERVA.

1 – Diante destes conceitos mostrados nas Escrituras, todos têm direito de escolha, continuar sendo "erva", ou deixar de ser...

2 – Existem opções a disposição do povo? Sim! Primeiro: Você poderá escolher ser uma "árvore". Exemplos: Salmos 1:3. e Salmos 92:12-14.

3 – Outra opção para todos: Ser uma "Vara". Números 17:5 e 8-10. João 15:2- 5.

4 – Se você entende que esta opção é boa, você deve se ligar em Jesus.

5 – Há duas abençoadas vantagens para as pessoas estarem ligadas em Jesus: Primeiro; "...Dá muito fruto..." verso 5. Segundo; você pode pedir o que desejar... verso 7.

6 – Para uma decisão de mudança entre "erva ou relva", para ser "árvore ou vara"; você deve se entregar de todo coração ao Senhor Jesus Cristo. Ninguém passará por mudanças sem uma entrega real de vida ao Senhor. Você deseja?

CONCLUSÃO: Pense bem; deseja mudar para ser uma árvore ou vara, ou você vai continuar sendo "erva e relva"? A escolha é sua! Esta mudança lhe assegura a vida eterna.

O uso de ilustrações é livre.

"... MEU PAI E VOSSO PAI..."

Texto: João 20:17-18.

Primeiros Comentários: O Evangelho de João é o mais apreciado do mundo; desde as pessoas simples aos mais ilustres eruditos. Suas distinções:

- O Evangelho do Amor. – O Evangelho dos milagres e ainda, o Evangelho que tem os ensinos mais profundos.

I – "... MEU PAI E VOSSO PAI..."

1 – Este Evangelho é como um manual para a vida de todas as pessoas; Salmos 36:9 e em João 4:10. A Bíblia precisa ser examinada todos os dias.

2 – A primeira afirmação neste evangelho mostra que o Senhor Jesus é também o criador. João 1:1-3, e 14. Criador salvador e Pai.

3 – Tudo o que falta para o homem e tudo o que o homem precisa. João 6:68-69 e o verso 35.

4 – Este Evangelho esclarece para o mundo sobre a necessidade de nascer de novo; João 3:3. O novo nascimento é a segurança da vida eterna.

5 – Um fato contundente, porém maravilhoso, é o encontro com a samaritana. João 4:7,9,16,17,18. Este é um fato comum no mundo atual, mais um motivo para tantos precisarem do Senhor Jesus Cristo.

II – "...MEU PAI E VOSSO PAI..."

1 – Pai dos pobres, prostitutas, doentes e aleijados; João 6:37. Esta é uma parte deficiente da sociedade.

2 Neste Evangelho Jesus revela o Pai, e se revela sendo Ele mesmo o Pai; João 5:17, 20, 21, 22, 23, e ainda João 17:21.

3 – Mas é também neste evangelho que o Senhor Jesus fala com clareza de sua pessoa como “fonte”, de entrada de alimento e permanência, isto é eterno.

A - “... Eu sou a porta...” João 10:9.

B - “... Eu sou o caminho...” João 14:6.

C - “... Eu sou a luz do mundo...” João 8:12.

D - “... Eu sou o pão da vida...” João 6:48.

E - “... Eu sou videira...” João 15:5.

F - “... Eu sou o bom pastor... “ João 10:11.

G - “... Eu sou a ressurreição e a vida...” João 11:25.

CONCLUSÃO: Este é o evangelho em que abertamente o Senhor Jesus prometeu enviar o seu Espírito Santo para cuidar de nós. João 14:16-18.

A ilustração é livre para colocação dentro do desejo de cada um.

A IGREJA VERDADEIRA

Texto: Mateus 16:18-19.

Primeiros Comentários: Igreja Verdadeira; Onde está? Qual é? Vamos juntos com carinho entender.

- Todos precisam dela, eu você e a sociedade. As placas nos Templos não mostram a Igreja Verdadeira, mais uma Denominação. A Denominação é criação do homem, a Igreja verdadeira é criação divina.

I – A IGREJA VERDADEIRA

1 – A Igreja foi criada por Jesus, sobre a pessoa de Jesus; ela nasceu da semente de Jesus, tornou-se o corpo de Jesus e recebeu sobre ela a Cabeça – Cristo! Romanos 12:5. I Coríntios 12:27. Efésios 5:23 e Colossenses 1:18.

2 – Não se enganem com as Denominações que se exibem como sendo as maiores Igrejas do mundo, principalmente as propagadas na mídia. A maior e melhor vantagem da Igreja trabalhar na mídia são os lucros financeiros, só!

3 – Tanto faz a Igreja que está em grandes Capitais como as que estão em pequenas cidades, e até no campo. Jesus Cristo é Senhor das vidas que lhe aceitaram como único salvador, e não das Denominações. Não importa seus limites humanos.

4 – A Igreja é um corpo formado por novas criaturas, pessoas que se entregaram ao Senhor Jesus, e nasceram da palavra. Lucas 8:11.

5 – Dentro deste corpo chamado Igreja está o Espírito Santo de Cristo, e sobre ela a cabeça – Cristo. Colossenses 1:18.

II – A IGREJA VERDADEIRA

1 – Como a Igreja é o corpo de Cristo, então ela é a porta de entrada para todas as pessoas irem para o Céu. Esta é uma das razões que se convidam as pessoas

para Igreja; Não para denominação! Infelizmente o que acontece é o contrario; as pessoas são convidadas e disputadas pelas denominações.

2 – Esta é a razão por que o Senhor deu autoridade a Igreja para ligar e desligar, e ser correspondida no Céu; e ainda batizar. Obs. A autoridade é outorgada a Igreja; não a denominação!

3 – É a Igreja de Cristo que tem a responsabilidade de servir o Pão Divino aos homens. Isto precisa ser falado em cada ministração com a maior clareza.

4 – A Igreja é um corpo luminoso, ela é um Astro na terra. Filipenses 2:15. Não é possível ver mas é!

5 – A Igreja é um corpo de perfume, ou um vaso de perfumado. II Coríntios 2:15. Esta fluência é notável no viver em Cristo.

CONCLUSÃO: Placas e denominações são aparatos demonstrativos, eles figuram para indicações de locais e as polêmicas que são comuns.

Não fique de fora deste corpo, se entregue ao Senhor Jesus, tome já uma decisão, se você estiver afastado volte e reconcilie-se!

Observação: Morei em uma cidade que um homem morreu após confessar que estava afastado da Igreja. Ele estava fumando e o malfeitor lhe pediu um cigarro. Ele não tinha, o malfeitor disse: "vou lhe matar!" "Ele respondeu: Não faça isso eu estou afastado da Igreja!" Não adiantou: Morreu! Se entregue ao Senhor Jesus! O amanhã é do Senhor!

A IMPORTÂNCIA DE OUVIR

Texto: Isaías 50:4 e Isaías 51:7.

Primeiros Comentários: Quem é que tem a lei divina no coração? A Igreja do Senhor Jesus! E o que é melhor do que falar? Ouvir!

I – A IMPORTÂNCIA DE OUVIR

1 – Atentem para o que diz o sábio: Provérbios 23:22.

- Ouvir os pais é a primeira parte dos bons ensinos em todas as famílias, isto influenciará na vida adulta.

2 – Hoje trataremos apenas do Pai Celestial...

- Para que a pessoa ouça o Pai Celestial é necessário entregar a vida ao Senhor Jesus. Ninguém irá obedecer sem ter uma experiência com o Senhor.

3 – Há uma necessidade muito grande de se ouvir em toda sociedade, no entanto grande parte da sociedade resiste aos ensinos da Bíblia. João 8:47. É importante ouvir e entender. Tiago 1:23. A displicência da população é um risco de vida que correm.

4 – O Senhor Jesus repetidas vezes esteve exortação: Mateus 13:9; Marcos 4:9; e Lucas 8:8.

5 – Não é possível o êxito para qualquer pessoa sem que aprenda a ouvir. Na escola, na universidade, no trabalho, no lar , na vida pública e também na Igreja.

6 – Imaginamos que por não “ouvir” em nenhum momento no curso dos anos, há muitos analfabetos e mendigos. Essas duas classes refletem esta falta.

II – A IMPORTÂNCIA DE OUVIR

1 – Ouvindo aprendemos, tomamos novas direções, seguimos o caminho certo.

2 – Jesus repreendeu os saduceus pelo fato de não conhecerem as Escrituras nem o poder de Deus; Mateus 22:29. O desconhecimento das Escrituras atinge a maior parte da sociedade mundial. Isto é grave! O desconhecimento da morte eterna é algo aterrorizante.

3 – Muitas Igrejas também ignoram as Escrituras, isto motiva o esfriamento, desanimo e afastamento de outros tantos... Muitos acham que estão bem vivendo distante, outros se contentam conhecendo pouco ou quase nada. Por tudo o líder é o culpado!

4 – Um dos sérios problemas nas Igrejas são as formas modernizadas de cultos. O principal objetivo é a "prosperidade", os lucros estão acima e a frente de qualquer assunto. Há um "frenesi" no público desejando sempre mais.

5 – Prestem atenção ao que disse Jesus: João 12:47-48. O povo precisa aprender mais sobre o juízo final, isto ajudará a uma avaliação com sabedoria no momento.

CONCLUSÃO: Concluiremos com as exortações vistas em Hebreus 3:7. Hoje, esta é uma severa exortação pra humanidade, ouvir e não endurecer o coração. Isto significa: Tomar uma decisão imediata!

O verso 8, lembra um fato passado quando homens de corações "duros" se rebelaram contra o Senhor, mesmo vendo seu milagres.

O verso 10, o Senhor revela sua tristeza pela dureza dos tais, assim eles perderam as bênçãos celestiais.

Os versos 13 e 14 recomenda-se a todos que não tenham corações perversos nem incrédulos, mais pensem sério "HOJE", e isto é para todos.

OUÇA, tome posição diante ao Senhor, aceitando se consagrando e servindo com integridade.

A LIÇÃO DAS VIÚVAS

Texto: I Reis 17:7-16.

Primeiros Comentários: Hoje vamos ver e aprender pela forma antiga como viveram algumas viúvas, e quais foram os seus segredos para serem abençoadas.

- O número de viúvas hoje não pode se comparar ao mundo antigo.

I – A LIÇÃO DAS VIÚVAS.

1 – Este é um assunto que impressiona porém é complexo, considerando tratar um "classe" específica da sociedade que são as viúvas, povo sofrido e ao mesmo tempo "família incompleta". Nas Igrejas essa classe deve receber uma atenção especial.

2 – Eu lhe apresento um Deus vivo, que sabe vê tudo e todos, Ele perdoa, salva, cura, liberta, multiplica e faz maravilhas. Salmos 33:13.

3 – As descrições das Escrituras nos surpreendem pois ela revela a atenção de Deus pelos os infelizes e desprezados da sociedade. Salmos 146:7-9. Ele fala

Do oprimido, o faminto, os presos, os cegos, os abatidos, o estrangeiro, o órfão e a viúva. Esses recebe os cuidados de Deus.

4 – Independente da influência da Igreja Deus cuida das viúvas e outros. Salmos 68:5.

5 – No texto em pauta o país estava em seca e fome; a viúva se preparava para comer e morrer juntamente com o seu filho. Verso 12. Era um ritual da pobreza e miséria, pensar em morrer demonstrava o uso dos últimos recursos. Faltava o Senhor!

6 – Na hora da fome só se pensa na morte, na fome o desespero toma conta do consciente e subconsciente. Há um apagão mental, a morte é a fantasia mais próxima. Não há como empurrar esses dois fantasmas!

7 - Elias representava a vida, a pobre viúva não sabia que o Senhor assistia o seu "flager". Assim é o mundo, ninguém sabe que Deus vê tudo, quando há abundância e desperdício e quando a falta maltrata os corações.

II – A LIÇÃO DAS VIÚVAS.

1 – De fato as viúvas deixaram para o mundo de hoje um arsenal de belas lições. O Pai das viúvas o Deus providente. Enviou o socorro que também foi socorrido pelo coração da viúva. Verso 13.

2 – Vamos ver a casa de outra viúva; II Reis 4:1. A miséria também havia chegado à esta mulher; dívidas, ameaças e até a possível perda de seus filhos.

3 – Aqui era Eliseu o representante da vida, da multiplicação e da misericórdia do Senhor. Ele tinha a

Solução ele andava com o guardião das viúvas.

O Pai Celestial, a ninguém despreza; verso 2-4.

4 –"Jesus Cristo é o mesmo, ontem, hoje e para sempre." Hebreus 13:8. O Senhor estava presente através de Eliseu, e Ele usou o poder divino para ajudar a criatura necessitada – a viúva! Isto é para hoje também!

5 – O Senhor Jesus falou sobre as viúvas do passado; Lucas 4:25-26. Outra viúva, Atos 6:1-3.

6 – O olhar divino faz distinção a pensamentos e atitudes, fez apreciação sobre o gesto confiante da pobre viúva que deixou um grande exemplo.

Lucas 21:1-4.

7 – O velório de "Tabita" que era a Dorcas.

Atos 9:38-39.

CONCLUSÃO: o Senhor usou uma parábola sobre outra pobre viúva que batia a porta de um Juiz iníquo; isto para nos ensinar sobre o seu pronto atendimento para com os seus. Lucas 18:1-7. Você não precisa ser viúva mais deve se entregar ao Senhor das viúvas!

ORAÇÃO E GRATIDÃO

Pai Celestial, em nome do Senhor Jesus Cristo é que apresento minha oração. Sou grato ao Senhor pelo seu Espírito Santo que me conduz sendo Ele guia supremo da Igreja. Obrigado por me salvar e me chamar para esta obra maravilhosa de salvar almas para o Senhor Jesus. Louvo ao Senhor por todos os lugares que passei levando a tua mensagem, por me guardar iluminando-me em sabedoria e graça. Louvo ao Senhor pela minha família irmãos e amigos, agora pela comunicação do Senhor através deste livrinho. Louvo ao Senhor pela Editora Académica Espanhola, seus dedicados funcionários também comunicadores da fé e da salvação do Senhor, através do livro. Por tudo minha gratidão e glórias ao Pai Celestial.

OBSERVAÇÕES:

Espero na vossa gentileza que não sejam alteradas nenhuma das frases do conteúdo em pauta. Considerando a inspiração do Senhor a mim concedida e ao mesmo tempo minha maneira de comunicação da verdade. "A minha escolha é pela inteireza da mensagem e não a " beleza da oração". Neste livrinho o principal é a clareza da verdade e não a concordância da frase. Adianto meus agradecimentos na esperança de continuar sendo útil na reciprocidade da vida profissional.

E ainda esta pequena mensagem se possível para a parte de fundo da capa.

Parte de fundo da capa.

"Com Cristo no barco tudo vai muito bem diz o cântico..."

Vamos comigo no barco de Jesus. O semeador coloca novo trabalho a disposição do povo brasileiro, uma coletânea de mensagens para orientar iluminar e despertar a Igreja de Cristo entre os homens. . Que o evangelho do Senhor Jesus Cristo continue derribando as fronteiras do indiferentismo e rompendo as geleiras dos corações presos em mares gelados. Venham entrem no barco da fé, Jesus Cristo é o piloto, não precisa de "motor" aqui não se usa combustível mais a fé neste salvador que pilota o barco e nossas vidas. Venha depressa não é brincadeira, os dias passam rapidamente e o vento do Espírito sopra a vela desta nau! Que maravilha! Creia leia, divulgue e envolva também a família chame seus vizinhos... ALELUIAS!!!

Printed by Books on Demand GmbH, Norderstedt / Germany